绅士与武士

东方之日本人与西方之英国人文化比较

曹世潮·著

文匯出版社

作者简介

曹世潮，父亲奉化人，以一二通析性命运，自称奉化一二先生。以玄性知玄微，为玄学大家。由此通晓数十国文化（习性）及命运，是世界文化大师。作者著有《文化战略》《心时代》《我们的命运》《易性中国人》《玄——天生知道》《谁设定了我们的命》《命运这样支配我们》《这样的个性这样的命》《绅士与武士——东方之日本人与西方之英国人文化比较》《天命与使命——来性之埃及人与往性之美国人文化比较》、《食素与嗜荤——南方之印度人与北方之德国人文化比较》等著作。有大量论文发表并曾在清华、岳麓书院等地演讲。近年来专一著作，致力人类生活、世界形势及各族群个性与命运的阐述。

网站：www.onetwod.com

总序

取德国人与印度人、日本人与英国人、埃及人与美国人做比较是基于这样的考虑：能够给出人类个性的基本态势。它们分别是东西南北中、春夏秋冬的经典，可以在各族群的习性（文化）与个性、数量与形态作全球展开。

之所以用一对一对的比较，目的是能让各族群的个性能够清晰深刻地展现。取南北冬夏为一对，是在质地与个性上展开，根本的表达是阴阳。印度人与德国人是人类个性中最经典的一对。德国人是乾，印度人是坤；德国人是冬，印度人是夏；德国人是刚，印度人是柔；德国人是强，印度人是弱；德国人是小，印度人是大……

取东西春秋为一对，是在数量和形态上展开，根本表达是一二。日本人是东，英国人是西；日本人一，英国人是二；日本人是春，英国人是秋；日本人是合，英国人是分；日本人是定，英国人是动；日本是集体为重，英国人是个人为重……

取往来动定为一对，是在性命运上展开，根本表达是死活消长长短。在动定往来中美国人和埃及人是经典的一对。比较之下个性格外鲜明，美国人是往，埃及人是来；美国人是动，埃及人是定；美国人是强，埃及人是弱；美国人是小，埃及人是大；美国人是我，埃及人是你；美国人是短，埃及人是长……

比较中没有讲中间，即乾坤之际、一二之际的个性与族群，这是因为它们不适于做比较，无法鲜明地呈现出性命运来。所以讲了东西南北，春夏秋冬，没有讲能、易、际、场、作、旋等诸个性，但他们是人类个性最佳的形态与趋势。

我们要对自然的随意的设计进行调整，不能因此下去。金木水火土既相生，又相克，相生极好，相克不行。各族群的习性如何再安置有很大的道理。拙著《谁设定了我们的命》一书展示了被天地安置的命运，讲了被安置之后的命运变化，现在的世界形势以及未来趋势大致就是如此。一些个性有偏颇的族群当有修正才好，如此国家、民族才能正常，才能应当。

六个族群比较之后，我们可以看见任一族群都应该在一二之际、天地之际、乾坤之际，各族群的形势、状态、趋向都应当向那个方向变化。比如乾坤之际的奥地利人、太极之际的瑞典人、往来之际的澳大利亚人、即离之际的英格兰人、定动之际的瑞士人、你我之际的日本人、身神之际的加拿大人以及张弛之际的新西兰人等等，他们就在那里。这些族群在经过数百年世界动荡之后，我们仍然看见他们依然很正常，依然很中正，依然很平稳，依然很和平。这就是人类的本性与族群因应得当的一个结果，这就是人性、人道正常的结果。

读这六个族群的比较，如果在其中一二之际、本性法道上整理出一个清晰的去路，各个族群的命运也就在掌握之中了，人类的命运也就在掌握之中了，前途自然是光明的，生活自然是正常的，世界自然是和平的。看看英国人、日本人、瑞士人、奥地利人、新西兰人、马来西亚人、加拿大人、丹麦人、挪威人等际性之人的生活及未来，我们知道我们应当向何处去。

一二之际乃人类必由之路。

最后，要感谢的是恒源祥集团及刘瑞旗董事长对作者文化研究的长期支持。

前言

把日本人与英国人放在一起进行比较，事实上是把两个优秀的族群放在了一起，让我们能够更集中地欣赏他们的卓越之处。当然，比较能够鉴出他们个性当中的各个不同侧面，能够使我们看透文化的深刻之处以及形势的状态。英国和日本是少数几个正常的国家之一，他们都在人性、人道上开出了卓越的文化、个性和气象。

我曾把这一作品给了一些朋友预先浏览，其中一位对我说："你在这里好像倾向于英国人。"我听了以后觉得非常震惊，因为日本人的自性是世界经典的文化个性，在自己、自主、自律等方面上日本人走到了非常的境地。当然英国人的场性，在正常的个性里面又有它另一层卓越之处，是我非常尊敬的，并且愿意加以弘扬的。

人们之所以有这种反应，是我们仍然在文化之中，我们的批评体系也已经被文化设置了。比如，我讲日本人的沉默寡言，有人以为这似乎是批评，其实在这里是读者有了褒贬的态度，我以为人确实不必说那么多；又比如，英国人个个都有个性，极为个人主义，并且许多人走向了极致。在当下这个个性化的时代，人们自然会非常欣赏具有个性的英国人。极端的个性（这里不包括英国人，因为英国人总是在太极之际的，而很少在极端，他们在极致），并不利于人类的整体进步，同时也不是人性应当努力的方向。现在个性正在消融人性，极端的文化个性的几个族群之间甚至会发生战争，并且都以为自己与对方的对抗乃至暴力（战争）都是正确的。

日本人与英国人进行比较，其根本目的只是在于让我们对这两个族群有更深刻的了解，使各个族群的文化比较有一个参照系。比如，日本人是自性的，比利时人是我（以自我为中心）性的，沙特人是你（以他人为中心）性的。英国人是场性的，南非人是即（合）性的，人是离（分）性的。这有助于我们了解世界文化，也有助于了解我们，了解自己，并且在个人的、家庭的、族群的文化进步的方面上有一个参考的坐标。

日本是一个岛国，英国也是。两国人民都是岛民。日本的国土面积大约有37万平方公里，英国的国土面积大约有35万平方公里。日本人口为1亿3000万人，英国人口约6000万人。英国的人口密度是日本的一半不到。

日本四季分明，且很极端（很干、很湿、很冷、很热）；英国四季模糊，也很极端（时干、时湿、时冷、时热）。

英国的气候每天变化很大，而日本的气候每季变化很大。

日本与英国之不同的一点是英国能源及矿产资源较为丰富，而日本能源及矿产资源比较匮乏。

日本文化起源于农耕生活，英国文化起源于海洋生活。

日本文化之渊源在东方，英国文化之渊源在西方。日本和英国都大量地接受了外族文化，但日本人主要接受的是中国唐代以儒家思想为核心的文化。英国人接受了多个个性的文化，以中、北欧文化为主。

英国屡次被入侵，罗马人、盎格鲁人、撒克逊人、朱特人、挪威人、丹麦人、诺曼人等等都曾先后入侵；而日本则在历史上少有被入侵的记录。

英国是一个移民国家，至今有200多个民族居住在英国，讲着300多种语言，而在日本99%的人是日本人，讲得是单一的语言。

日本人本国几乎全部讲日语，英国人本国局部讲英语。日语仅仅在日本诸岛流行，英语在世界各国流行。

日本的原住民历史很长，数千年没有变化，日本人生活在连绵的文化之中；英国人大多为移民、入侵者的后代，原住民的历史较短。

英国与日本都是岛民，天然与世隔绝，但英国人养成了一种孤傲感，而日本则养成孤独感。

日本社会“一”而且发达（全世界少有）；英国社会“二”而发达（发达国家莫不如此）。

日本人以不变应万变；英国人以万变应不变（应当）。

日本人独特；英国人极致。

日本人深切地关注人性；英国人深切地关注科学。

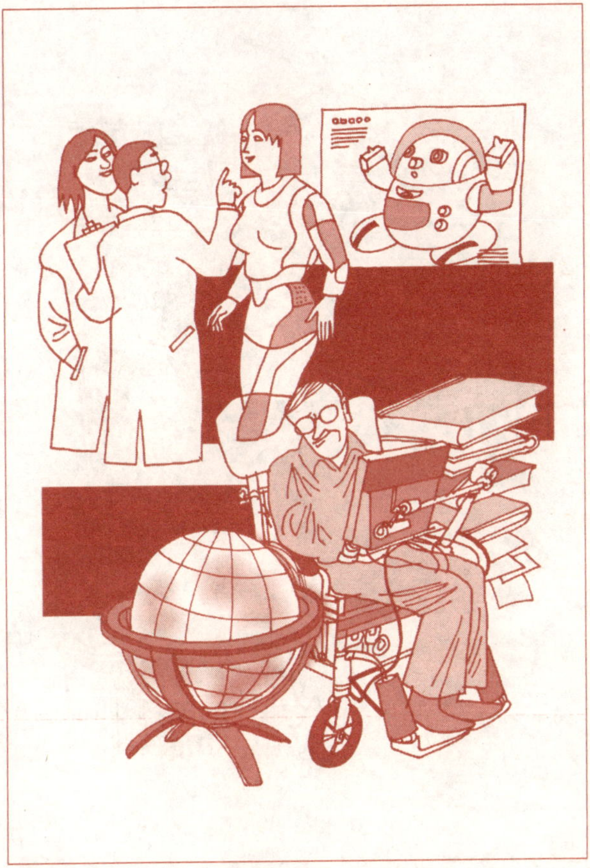

日本人是本性的存在，是自己的存在；英国人是个性的存在，是自我的存在。

日本文化是极致而同一；英国文化是极端而妥协。

追求相同是日本人的终极目标;
追求不同是英国人的终极目标。

英国人极具个性，日本人缺乏个性。英国人只说我，不说我们；日本人只说我们，不说我，甚至常常缺少主语。英国人共同的文化个性是人人坚持个性，日本人共同的文化个性是人人放弃个性。

日本人是集体中人，是纵向与横向结构中的一个，绝对臣服于领导；英国人在阶级结构之中，但又是独立的人，是一个个同国王、首相一样的独立人。

日本人自性；英国人个性。英国人是完全自我的；日本人是完全自己的。英国人是极端的个人主义（并非自私自利，而是自律、自信、自强、自我），而日本人具有极端的自己主义精神（自然、自律、自力、自决），但是，这两个国家在近两百年来都少有内耗发生（更遑论内战），都能够和平相处。

日本人在之间，英国人在之际。

在英国，撞衫是令人沮丧的；在日本，一致的服饰令人欣慰。英国人追求个个不同，样样不同，汽车、建筑、服装、价值、观念，尽一切可能尽其独特；而日本人希望完全相同，无论服装、汽车、建筑、价值观。英国人厌恶类似与相同，日本人厌恶个性与不同。

英国人少有偶像崇拜；日本人偶像崇拜严重泛滥。

日本人谦恭；英国人矜持。

日本希望生命、艺术、生活、工作方式平静的绵延；英国人希望生命、艺术、生活、工作方式每一代都有所不同。

日本人对于不同不能宽容；英国人对于相同绝对不容，甚至厌恶。

日本人以“义理”统治国家；
英国以“荣誉”统治国家。

英国人文化替代了制度；日本人文化战胜了制度。

日本人一切“非常”，非常辛苦，非常自律……哀情弥漫；英国人一切“极端”，个性“极端”、修养“极端”……全体奋进。

日本文化显然非常独特；英国文化显然非常普遍。

日本文化是复杂的，英国文化是简约的。

日本文化是玄微的，英国文化是疏朗的。

英国人的生命主要落实在精神生活；日本人的生命主要落实在物质生活。

与日本人一样，英国人的宗教信仰都相对较浅。与日本人不同，英国绝大多数人是新教徒，而日本人有多种信仰，甚至大部分人都是。

英国人信鬼；日本人信神。

日本具有太多的标志性事物（富士山、京都、新干线、能剧、枯山水、和服、相扑、武士剑、茶道、绘画、料理……）；英国标志性事物不多。

日本人喜欢自然，完全自然；英国人喜欢自然，模仿自然（多少有一点不自然，有强烈的人工痕迹）。日本人对自然顺应、敬畏；英国人对自然探索、利用。

与自然的和合在日本人的生活里显然占有重要的地位；而英国人对于自然的关注仅仅是从近百年开始，而且主要是在园艺上表现出某些意味。

日本人可能更喜爱农民的个性，而英国人更喜欢市民的个性。英国首相和日本首相有明显的不同。英国首相具有城市风貌和现代意味，而日本首相大多是典型的农民形象。农耕生活是日本最具有精、神、气的地方，也是最经典的地方。

英国人多以职业、官职为自己的姓；日本人多以自然、动物为自己的姓。

日本东京充满情性（生活、伦理、艺术的气氛浓郁）；英国伦敦充满精神（人人充满张力）。

日本人说明书全球第一；英国人科普书全球第一。

日本因为文化的共振，将自己主义推到了极致；英国也因为文化的共振，将其自我主义推到了极致。

日本人具有等级观念，英国人认同阶级，服从等级。日本人与英国人都尊重阶级；英国人更是有过之而无不及。

英国人为其荣誉而毕生奋斗；日本人毕其一生追求认同（即社会的认同）。

英国社会政治清爽；日本社会政治浑然。

英国人绝对讲究公平，只要公平，一切悬殊的结果，他们都认了；日本人轻视公平，但如结果悬殊，日本人会愤愤不平。

日本人极其尊重权力，尊重跟随权力；英国人极其尊重爵位（大多与荣誉、修养、贡献有关，与权力关系不大）。

日本人有强烈的社会主义意识；尽可能人人皆有（从房子到福利都在其中）；英国人有强烈的资本主义意识，尽可能争取独有。

日本人在经济上强调平等，几乎绝对平等；英国人在经济上强调公平竞争，没有绝对平等。

日本人强烈的共性，耽误了个人的发展；英国人强烈的个性，耽误了共同的发展。

英国人以进取获得共存；日本人以和合获得共存。

日本人与英国人一条非常相同的特质即完全按文化行动，法律在文化之下。对于文化的认同自觉、彻底、坚决、连续。

日本人自律于文化中；英国人游刃于文化中。

英国人较日本人更喜欢历史，可能是英国人比日本人历史要短得多。英国人掠夺历史（从大英博物馆里面我们就可以看到），而日本人复制历史、护养历史。日本人较英国人更具历史感，他们在历史之中，而不是从外部去欣赏它。

日本人因为历史和优秀而留下传统，英国人因为地位、荣誉而留下传统。

日本人与英国人都不擅长抽象思维。日本人可能由于身处形象思维的东方，而英国人不喜欢理性思维方式，因为理性总是千篇一律的，就像真理一样。

日本的文化气象是哀伤；英国的文化气象是自持。

日本充满郁闷之气；英国充满勃勃生气。

英国是世界上人均探头装有量最多的国度；日本是最少的（日本的许多地方照明严重不足，漆黑一片）。

英国人在日本会感到郁闷；日本人在英国会感到解放。英国人在日本会感到正常、平常、经常、日常的精神；日本人在英国会感到前卫、自由、奔放、突破的激情。

日本人个个打起精神；英国人人人精神抖擞。日本的气氛可以用一个“禅”字统领；英国的气氛可以用“精神”两字概括。

日本人因自律而表情一致；英国人因自矜而表情一致。

英国人在同一事件中不是毫无表情，就是具有不同的表情；日本人或是具有同一的表情，或是毫无表情。

日本从人到物都有拘束感；英国从人到物都有放射感。

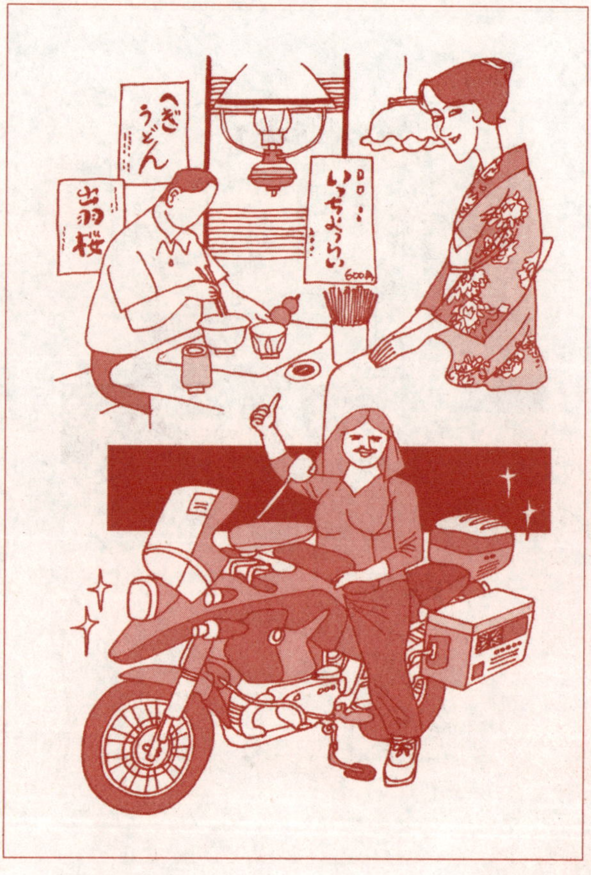

英国人经典的形象是绅士；日本人经典的形象是谦恭。

日本人和英国人都有些排外。英国人的排外在内心，在形式和空间上英国人并不排外。而日本人排外是外在的，在各种各样的形式上你都能看见。事实上日本人的内心并不排外。

日本人与英国人都只喜欢自己的同胞，他们不喜欢与外国人发生联系。与英国人相比，日本人这一特点更为明显。移居海外的日本人生活在同一个酒店、同一个餐馆、同一个超市甚至是同一幢楼里。在海外征服时，英国人只与英国人在一起生活。

日本与英国都有君王，但英国和日本国家和政府的实际领导人都是首相。

英国皇室之所以被留下来，是因为英国文化中正的态度；日本皇室之所以被留下来，是因为日本民族和合同一的要求。

日本天皇更神秘；英国女王更人性。英国女王与日本天皇相比显然个性化了许多，皇室的新闻也要多得多。

日本人情感、政治、经济各界有千丝万缕的联系；英国人情感、政治、经济各界切削得干干净净。

日本领导人不能犯错，一错就自动下台；英国领导人不能犯错，一错就被迫下台。

日本人纵向与横向都是定位的；英国人纵向是定位的。日本人与英国人显然都讲定位。英国人差不多每个家庭的安置都井井有条，日本人显然也是如此。只是日本人的定位在统一，英国人定位在个性。日本人的定位包括一切，而英国人的定位主要是在物质的、阶层的、伦理的、地位的，在精神上似乎英国人从来没有定位的念头。

日本人最喜欢别人告诉自己该怎么做（日本到处是告诉你怎么做的提示）；英国人绝对厌恶他人的指示。

在日本，很少告诉你不可以做什么（路口指示牌禁止右转是如此表达的：只有左转和直行的指示标志）；英国人禁止做什么赫然在目。

英国人与日本人都保持沉默，国人都不擅长交流，甚至于不喜欢交流。英国人的沉默是出于自尊和尊重他人，是处于阶级地位的约束，角色的约束；而日本人的沉默，一是对上层阶级的尊重，二是以免触犯他人，三是日本人的确无话可说。

英国人是自我约束；日本人是集体约束。

日本人完全依循专业、标准、系统、规范办事；英国人不屑于专业、规范、标准系统，甚至于对按知识系统、专业系统办事都觉得别扭。

英国文化的侧重点，在于个人对一切负起责任；日本文化的侧重点在于集体对一切负起责任。

日本人为避免触犯他人，会放弃原则，哪怕是有人争论一加一等于几，日本人会确认多种答案都有可能的；而这样的事情在英国人的身上是绝对不可能发生的。

英国人与日本人都避免对抗，日本人为了避免对抗，常常说“哈伊”，英国人为避免对抗，常常说“nice”。日本人和英国人的孩子就是在“哈伊”和“nice”这样两个词的包围中长大。

待人接物英国人首先是真诚；日本人首先是尊重。

英国人和日本人都知道适可而止。英国人的适可而止是以妥协、中正为基础，反对斩尽杀绝，或落井下石，而日本人适可而止到以某人死去（无论以何种方法）为止，一了百了。

英国人尊重、同情、帮助弱者，具有极端的平等态度；日本人尊重强者，轻视弱者，甚至欺负弱者。日本人对强者很尊重，强者为王；英国人对强者很尊重，但强者为民。英国的强者谦恭自敛；日本的强者高傲自大。

日本以多欺少，以强凌弱，痛打落水狗的事经常发生；英国以多欺少，以强凌弱，落井下石的事绝少发生。

英国人认为欺负弱小的孩子是懦弱的，是胆小鬼；日本人认为懦弱的孩子会受别人欺负，是胆小鬼。

日本人和合；英国人冲和。

日本人完全靠自己；英国人完全由自己。英国人为自己而生活；日本人为大家而生活。

日本人在当下；英国人在当场。

英国人是在两极之际落实；日本人是在两极之间晃动。

英国人对于过错能理性的评判，并且加以改正，且成为正常生活的一部分；日本人轻易不会犯错，犯错很难被宽容。

日本人不到最后决不妥协；英国人从一开始就知道诸事需要妥协。

日本人行事是当下的，灵活的，因应的；英国人的行事是习惯的、既定的，文化的。

日本人按习性做事；英国人按兴趣做事。

日本因其极端的集体至上，而放弃了是非观念，只要是文化所为，集体所为即是正确的；英国人因为极端的个人意识而忽略了天性、人性的恒常一面，只要个性所至，即为正确。

日本人是切换的，上下、左右、前后、时间、空间、角色都可以当下切换；英国人在“际”，在上下之际、时空之际。

英国人几乎样样行；日本人只有一样行。

英国人自觉；日本人自制。因为共性，日本人强调自制；因为个性，英国人强调自觉。

英国人和而不同；日本人同而不和。

日本人遇到诤讼多选择和解；
英国人遇到诤讼多选择判决。

日本人高度敏感，英国人绝对麻木。日本人的敏感是世界第一，英国人的麻木是世界第一。英国人冷漠以至于冷峻、麻木，日本人敏感以至于灵敏，甚至于神经质。

日本人经常泪如雨下（在婚礼上致词的新娘们，毕业典礼上的学生们，奥运会上的日本运动员们）；英国人似乎和哭泣或泪水无缘。

英国人喜欢在极小的圈子里确认自己的价值；日本人喜欢在整个社会中确认自己的价值。

英国人的优雅是充分呈现的；日本人的优雅是彻底隐没的。日本有隐者与忍者；英国有彰者与显者。日本以隐忍为优雅的第一法则；英国则以彰显为优雅的第一法则。

英国人根本就不关心他人对自己的评价与批评；日本人十分关心别人对自己的评价与批评。

日本人尽一切可能不妨碍别人，不伤害别人；英国人极力使他人不妨碍自己，同时高度尊重别人。

英国人见人尴尬，全主动上前询问："我能帮你做些什么？"；日本人对此，决不会主动询问。

英国人很难成为朋友，一旦成为朋友，则永远是朋友；日本人很难成为朋友，一旦成为朋友，也可能在日后不再是朋友。

日本人把好的留下来；英国人把个性的留下来。

英国人经常有惊人的爆发（从《哈利·波特》的作者罗琳到英国达人大妈）；日本人常年没有什么变化（从大学课程到首相的出处）。

英国人的思想是老辣的；日本人的思想是天真的。

日本是缺乏思想、哲学、著作的国度；英国是思想、哲学、著作最发达的国度。

英国人极其幽默；日本人极不幽默。英国人幽默因为其必须有精当的表达，同时又出于自信；日本人木讷，是因为不想得罪任何一个人。

日本人说话闪烁其辞是因为和合、应因；英国人说话闪烁其辞是因为难以应当、精准。所以英国人难以把话说好；日本人索性不说话。

英国人擅长于阴谋；日本人依旧纯朴。因为日本人的天真、纯朴、敏感，所以日本动画片发达；因为英国人的阴险、凶猛、冷峻，所以英国间谍片发达，如大侦探波罗、007、福尔摩斯等等。

日本人是浅显的行，深刻的不行；英国人是深刻的行，浅显的不行。

英国出大家(思想家、哲学家);
日本出小家(工程师、工匠)。

日本人少有思想；英国人太有思想（英国人著作出版量世界第一）。

日本人少主见；英国人很固执。

英国人极具想象力；日本人似乎远远不及。

日本人的视野是由外向内的（收缩性的）；英国人的视野是由内向外（扩张性的）。

日本人喜欢综合（盒饭里什么都来一点，极为丰富）；英国人喜欢分析（此人、此时、此地、此事、此物放在此处）。

日本语像色拉（各种语言杂陈）；英语像浓汤（各种语言融入其中）。

英国人喜欢读长篇大论（如长篇小说）；日本人喜欢看漫画、语录。

日本人缺少思想深度；英国人缺少思想广度（全体一致认同的理念不多）。

日本人很少有人能脱颖而出，出类拔萃的不多；英国人个个都是精神抖擞，出类拔萃。

日本人乐意看浅显通俗的电视节目，如果你有点俗也可以，人们很欢迎；英国人乐意看深刻哲理的电视节目，如果你恶俗，那就完了。

英国的电视台、电台播放的节目严格分类，风格一致；日本的电视台、电台播放的节目风格杂陈，综合浑融。

英国人乐意挑战；日本人祈求平安。

日本的革命是雷厉风行；英国的革命是温和渐进的。日本的变化是突变；英国的变化是渐变。

日本人不变则已，变则彻底，洗心革面；英国人变动不已，但从不彻底，一如既往。

日本变革大多由国外因素推动；
英国变革大多由国内因素推动。

日本的变革由上而下；英国的变革由下而上。

英国是第一个因为资本主义而崛起的一流大国；日本可能是最后一个因为资本主义而崛起的一流大国。

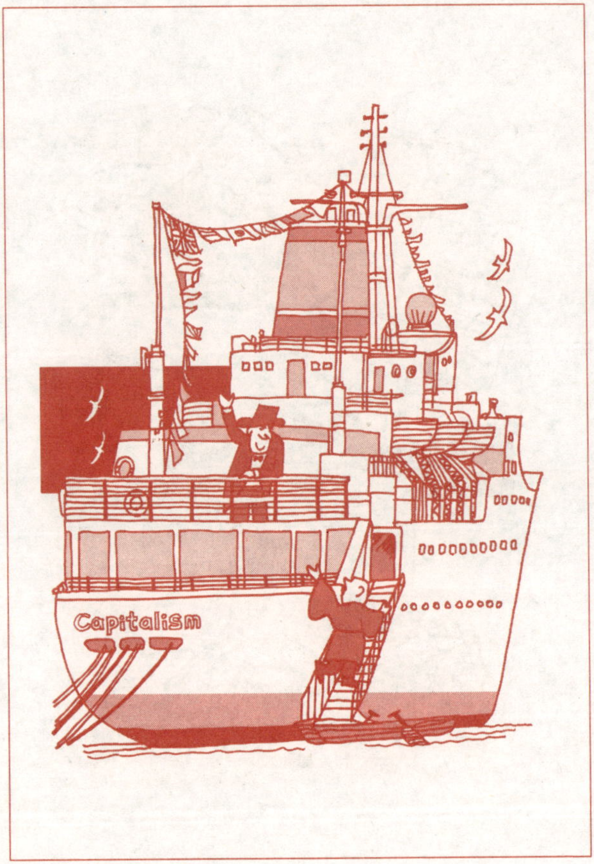

日本人非常勤奋是因为必须如此；英国人非常勤奋是因为内心喜欢。

日本人热爱生活；英国人热爱劳作。

日本人辛苦；英国人奋斗。

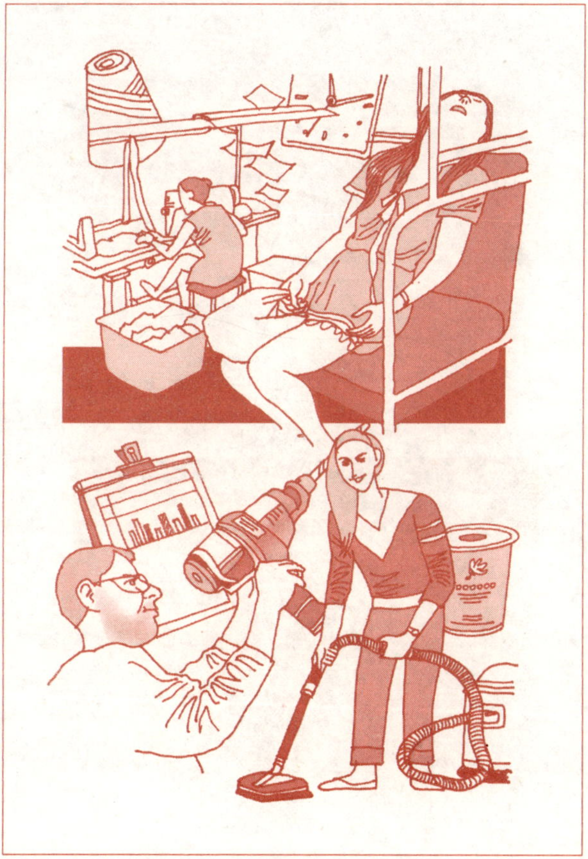

日本人享受生活；英国人理性生活。

日本人尽力；英国人尽性。

相比较而言，英国人是做个人的，并且成为最好；日本人是做共同的、标准的，并且成为最好。日本的流水线生产是世界一流的；英国的个人定制产品是世界一流的。

相比较而言，日本人是普遍的行，标准的行，规范的行，但是极端的不行，突破不行，创造不行；英国人个人的、极端的、特殊的行，创意、创造上有突出的成就。

日本人是下面行，上面不行，所以日本的低端产业很发达；英国人是上面行，下面不行，所以英国的高端产业很发达。

日本的妇女在公司里的地位很低（她可能要给每一位男同事沏茶）；英国的妇女在公司里的地位略低（与男性相比，她们的收入略低）。

英国人老板不一定给员工送礼物；日本人员工一定给老板送礼物（“中元节”和“岁暮节”）。

日本人以为择业重要的是公司，而不是工作；英国人以为择业重要的是工作，而不是公司。

英国人做工精（包括大小）；
日本人做工细（只包括小）。

英国人擅长个人制造（手工定制行业极为发达，奢侈品从劳斯莱斯到时装，无所不包）；日本人擅长流水线制造（流水线极为发达，日常家用商品从彩电到面巾纸，应有尽有）。

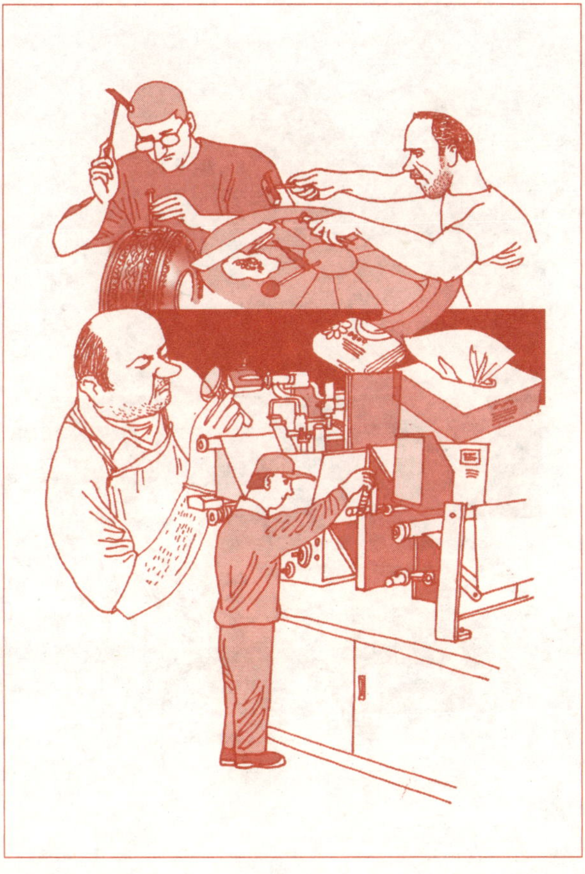

英国人个人的技艺、制造水平高超，手工打造极好，但是做不大，做不长；日本人连续的、系统的制造水平高超，大规模制造极好，而且能够做大、做长。

日本人的企业寿命世界第一；英国人的企业寿命相比之下要短得多。

英国人生产前卫，驾轻就熟；
日本人生产正常，易如反掌。

日本产品充满平民风格；英国产品充满贵族气息。

日本人生活用品生产世界一流；
英国人奢侈品生产世界一流。

日本人喜欢方便的（一握大小）商品（折伞、折扇、小型录放机）；英国人喜欢有格调商品（他们从来没想过手中的伞能做成缩折的）。日本人审美具有小即是美的意味；英国人审美具有高贵即是美的意味。

英国人少批评，多赞扬（虽然多有言不由衷的赞扬）；日本人不批评，不赞扬（日本公司大多不评先进）。

英国人评价公正，是非分明；
日本人评价含糊，是非不明。

英国人情感表达的能力极强，只是他们不太愿意表达；日本人情感表达的能力极弱，他们往往或无法表达或极少表达。

英国人不鸣则已，一鸣惊人；日本人是一生不鸣，不鸣到底。日本人对于惊天动地的东西似乎有一种天生的恐惧；英国人对于惊天动地的东西欢喜不已。

英国人极端；日本人平常。英国人喜欢探寻、追求稀奇古怪的东西，他们完全不屑于正常的东西；日本人非常在乎正常的东西，对于反常、异常、非常的东西天生就没有好感。

日本人个人的对与错都与家庭、家族有关；英国人个人的对与错都与家庭、家族无关。

日本人自杀凝重哀绝；英国人自杀干脆利落。

对于恶人，日本人以为只要死了，一了百了；对于恶人，英国人以为死有余辜。

日本人点头未必赞同；英国人赞同未必点头。

英国人忽视人；日本人揣摩人。

日本人可能集体闯红灯，绝少有个体闯红灯；英国人可能个体闯红灯，绝少有集体闯红灯。

英国人准备为他人让路；日本人准备让他人让路。

令英国人感动的是，成熟的男人与具有压倒优势的敌人作艰难困苦，难以想象的斗争之后并取得胜利；让日本人感动的是，娇柔的少女或稚嫩的儿童与残忍的暴徒进行惨烈的战斗之后取得了胜利。

英国人禁欲；日本人欲为（英国人与日本人性生活都较为冷漠，英国人和日本人都少有缠绵）。

英国人喜欢单独行为；日本人喜欢集体出行（买春都喜欢集体进行）。

英国人旅行喜欢天马行空，独往独来；日本人旅行喜欢集体出游，集体游戏。

日本人家庭角色是混融的（父母、子女、夫妻、男女诸角色混融构成家庭）；英国人家庭角色是切分的。

日本人之间强烈地依赖互动；
英国人之间鲜明地独立自主。

日本人知道外国人懂日语他们会觉得很紧张；英国人知道外国人懂英语他会觉得很自然。

英国人尊重他人隐私，少有人窥探；日本人尽力隐私，不给人窥探。

日本人生活本质而朴素；英国人生活华丽而虚饰。

日本和英国的酒馆的密度大致相当，在全世界领先。日本人与英国人的喝酒方式也很类同，大多都不擅喝酒，但喜欢喝酒，所以醉酒的不少。

英国人热衷于贵族运动（马术、网球、斯诺克、赛艇、击剑……）；日本热衷于平民运动。

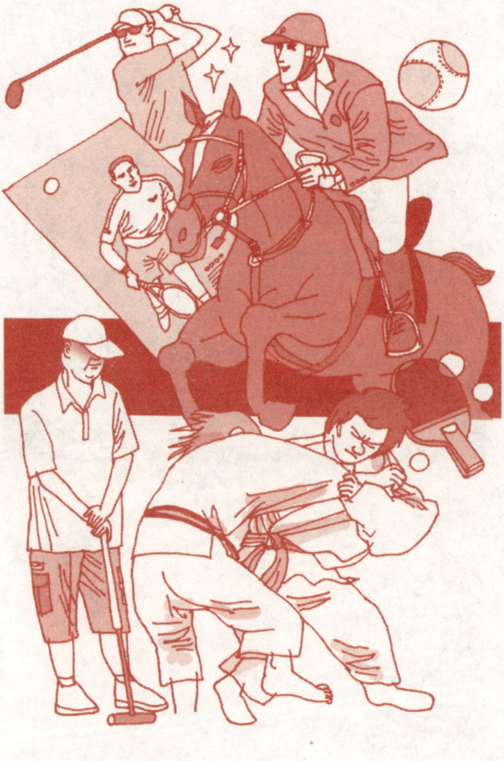

日本人总希望事物越简单越好（他们极为恐惧复杂）；英国人总希望事物越深刻越好（他们总是在根本上探索）。日本人喜欢简单的赌（如弹子机）；英国人喜欢对抗的赌（如赛马）。

日本人喜欢和服；英国人喜欢制服。日本人衣着首先看文化意味；英国人衣着首先看场合。日本的装饰纹样是散漫的、轻疏的；英国的装饰纹样是紧张的、厚重的。

英国人之喝茶，极致处是享受；
日本人之喝茶，极致处(茶道)是寂灭。

日本人喝汤，吃面条发出声响，没有人会侧目，这很正常；英国人喝汤吃面条发出声响，一定会吸引人们的眼光，这很不正常。

日本人同桌上的餐具形式各异，色彩丰富；英国人同桌上的餐具形式统一，色彩一致。

日本人的婚礼一般在多个宗教场所举行；英国人的婚礼多在一个宗教场所举行。

日本人管教孩子的任务完全交给老师；英国人管教孩子的任务，多交给孩子自己。

英国人内急也选个与自己身份相称的厕所；日本人内急得不行，找个隐蔽处方便一下。

英国人粗茶淡饭；日本人精于烹饪。日本人饮食之精致，全世界上无出其右；英国人饮食之粗糙，全世界无与伦比。日本人饮食讲究节气时令；英国人饮食讲究卫生营养。

日本的餐具在形式上很少统一，丰富、变化多端；英国的餐具则自成体系，条理分明。

日本人聚餐，他们点一样的菜，聚齐了一起开始吃，努力地保持同时吃完，然后一起说“谢谢，吃好了”；英国人喜欢自个儿吃，自个儿完。

在日本，凡进入的异国饮食都被改造得量少一点，味淡一点，做工细一点；在英国，凡进入异国的饮食，都被英国看作量少了一点，味谈了一点，做工细了一点。

日本人极端追求生活的舒适性——厕所装有加热坐垫；英国人乐意挑战艰险——有些人在冬天被冻死。

在日本生活一切都很方便（从24小时营业的便利店到极力为你着想的营业员，都是世界一流的）；24小时便利店在英国你很少看见，生活不会太方便。

英国人使用信用卡多于现金；日本人使用现金多于信用卡。

英国的建筑强调对称、平衡、个性鲜明；日本的建筑不强调对称与平衡。日本的建筑风格俭朴、实用、紧凑；英国的建筑尖锐、紧张、夸张。英国的建筑与自然相悖；日本的建筑与自然相谐。

日本人希望自己成为英国人的很多；英国人希望自己成为日本人的很少。日本人对英国人崇敬无比；英国人对日本人毫无崇拜之意。日本人认同英国人；英国人不认同日本人。

日本人习惯于向他国学习；英国人习惯于被他国学习。

英国人的声音总在世界上响起；日本人的声音总是时有时无。

日本的动画片世界第一；英国的间谍片世界第一。

日本人与英国人对世界文化都作出了巨大的贡献。日本的贡献是在和合为一的基础上获得了发展，英国的贡献是在极端的个性基础上获得了发展。

日本文化似乎解决着终极的问题；英国文化似乎终极地解决着问题。

英国上百年成为世界一流国家；
日本三十年成为世界一流国家。

日本人的机器人最高境界像人，有许多人的性能；英国人机器人最高境界像机器，几乎全是机器人的性能。

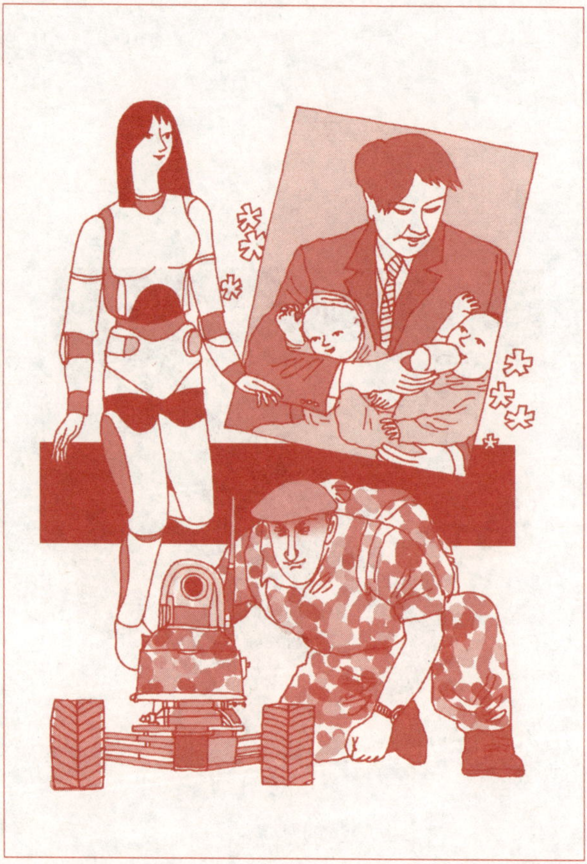

日本人的前卫，再前卫也正常；
英国人的前卫，再正常也前卫。

日本人源于一岛之中，几千年如此；英国人源于一岛之中，几百年后遍及五大洲。

日本人热衷保险；英国人热衷探险。

图书在版编目（CIP）数据

绅士与武士：东方之日本人与西方之英国人文化比较 / 曹世潮著．-- 上海：文汇出版社，2013.7

ISBN 978-7-5496-0933-8

Ⅰ．①绅… Ⅱ．①曹… Ⅲ．①民族文化—比较文化—日本、英国 Ⅳ．① G131.3 ② G156.1

中国版本图书馆 CIP 数据核字 (2013) 第 134371 号

绅士与武士

——东方之日本人与西方之英国人文化比较

著作权人 / 曹世潮

绘　　图 / 天　呈

责任编辑 / 熊　勇

装帧设计 / 周夏萍

出版发行 / 文匯出版社

上海市威海路 755 号

（邮政编码 200041）

印刷装订 / 上海宝山译文印刷厂

版　　次 / 2013 年 8 月第 1 版

印　　次 / 2013 年 8 月第 1 次印刷

开　　本 / 850×1168　1/32

字　　数 / 80 千（图片 205 幅）

印　　张 / 6.75

ISBN 978-7-5496-0933-8

定　　价 / 28.00 元